T0161145

Depuis 2013, chaque 30 septembre, nous portons des
vêtements orange pour rendre hommage aux survivants des pensionnats
comme Phyllis. Nous commémorons leurs expériences et celles de leur
famille. La Journée du chandail orange est l'occasion
pour les Premières Nations, les gouvernements locaux, les écoles et les
communautés de se réunir dans un esprit de réconciliation et d'espoir
pour les enfants des générations futures.

C'est une journée pour réaffirmer que CHAQUE ENFANT COMPTE.
Phyllis est tellement reconnaissante que les enfants apprennent
l'histoire des Premières Nations. Elle n'en a pas appris beaucoup
sur le sujet quand elle était à l'école. Il est important que nous
connaissions notre propre histoire (et l'histoire des autres). Elle
est ravie que vous participiez et que vous appreniez la vraie
histoire des Premières Nations du Canada.

Pour plus d'information sur la Journée du chandail orange, visitez
www.orangeshirtday.org.

Pour certaines familles, le sujet des pensionnats est un sujet
très sensible et délicat. Si vous avez besoin de soutien en cas de crise,
veuillez communiquer avec le Programme de soutien en santé –
résolution des questions des pensionnats indiens au 1-866-925-4419.

Aide à la révision : Murielle Cayouette, conseillère pédagogique en éducation
autochtone au Conseil Scolaire Francophone de la C.-B. (SD93)
Traduit de l'anglais par : Marie-Christine Payette
Le texte et les illustrations sont soumis à des droits d'auteur ©
Medicine Wheel Education Inc. 2020
ISBN : 978-1-989122-48-8

Le chandail orange de Phyllis

Auteure : Phyllis Webstad
Illustrateur : Brock Nicol

Le chandail orange de Phyllis est une adaptation du magnifique livre *L'histoire du chandail orange de Phyllis* Webstad pour un public plus jeune (de 4 à 6 ans). Pour rendre l'histoire plus accessible à ce groupe d'âge, l'histoire a été raccourcie, simplifiée et écrite en rimes. De plus, certaines illustrations ont été remplacées par des images plus douces. Ce livre a été réalisé avec l'approbation enthousiaste de Phyllis.
Nous sommes ravis de vous l'offrir.

Dans la réserve de Dog Creek, c'est là que la petite Phyllis et sa grand-mère habitaient.

Elles cueillaient des baies, elles jardinaient et elles pêchaient du poisson qu'elles conservaient.

Il n'y avait pas beaucoup d'enfants avec qui Phyllis pouvait jouer,

parce qu'ils allaient tous au pensionnat qui était très loin de la communauté.

Un jour, grand-mère a emmené Phyllis en ville, faire un tour,

c'était excitant de voir tant de gens autour!

C'est dans un magasin plein de vêtements que grand-mère l'a emmenée,
il y avait des chapeaux pour se couvrir la tête et des bas pour les pieds.

Phyllis a choisi un chandail d'un orange éclatant et brillant à la fois
et grand-mère le lui a acheté pour qu'elle le porte avec joie!

La première journée au pensionnat, Phyllis ne pouvait plus patienter,

pour avoir fière allure, son chandail orange elle a porté.

Mais quand elle est arrivée, son humeur a commencé à changer,

l'endroit était tellement froid, peu accueillant et étranger.

Son chandail orange éclatant on lui a enlevé

et elle s'est demandé combien de temps elle allait rester.

À l'école publique, elle avait appris à lire et à écrire proprement,

grâce à son enseignante qui la traitait tellement gentiment.

Phyllis aimait son enseignante, mais sa grand-mère lui manquait,

tout comme son jardin et la maison où elle habitait.

Et puis, quand l'été a fini par venir,

Phyllis est retournée à la maison où elle a pu s'épanouir.

Nous portons nos chandails orange pour nous rappeler
que chaque enfant compte et pas seulement en septembre!

Nous rendons hommage aux Premières Nations et réfléchissons au fait que chaque enfant est spécial et mérite notre respect.

Nous portons nos chandails orange pour nous rappeler que chaque enfant compte et pas seulement en septembre! Nous rendons hommage aux Premières Nations et réfléchissons au fait que chaque enfant est spécial et mérite notre respect.

30 septembre – Journée du chandail orange :
De nos jours, les pensionnats sont définitivement fermés.
Phyllis et sa famille célèbrent et en apprennent plus sur leur culture. Phyllis sait ce que cela signifie d'être une Secwépemc et elle est fière de qui elle est et des gens qui composent son peuple. Chaque année, le 30 septembre, plusieurs personnes, y compris Phyllis, portent un chandail orange éclatant pour rendre hommage aux survivants des pensionnats et à leur famille. La Journée du chandail orange commence par des discours contre le racisme et l'intimidation au début de l'année scolaire. L'histoire de Phyllis en est une parmi tant d'autres. Nous devons écouter ces histoires et apprendre de notre passé. Ainsi, nous pouvons nous tourner vers l'avenir sans refaire les mêmes erreurs. Quand nous portons notre chandail orange à l'occasion de la Journée du chandail orange, nous réaffirmons que chaque enfant compte, les enfants de chaque nation dans le monde.

À propos de l'auteure

Phyllis Webstad (née Jack) fait partie des Northern Secwépemc (Shuswap), de la Première Nation Stswecem'c Xgat'tem (bande indienne de Canoe Creek). Elle a des racines Secwépemc, irlandaises et françaises.

Elle est née à Dog Creek et elle vit aujourd'hui à Williams Lake, en Colombie-Britannique. Phyllis est mariée et a un fils, un beau-fils, trois petits-fils et une petite-fille.

Chaque année, Phyllis et sa famille campent sur les rives du fleuve Fraser près de Williams Lake. Petits et grands se rassemblent pour pêcher et faire sécher le poisson comme le faisaient leurs ancêtres. Phyllis est fière de transmettre à ses petits-enfants les leçons et coutumes qu'elle a apprises de ses aînés quand elle était petite.

Phyllis est une survivante des pensionnats autochtones de troisième génération. Elle a obtenu un diplôme en administration des affaires de l'Institut de technologie de Nicola Valley et un diplôme en comptabilité de l'Université de Thompson Rivers. En 2017, Phyllis a reçu le prix « TRU Distinguished Alumni Community Impact Award » pour sa contribution sans précédent aux communautés locales, provinciales, nationales et internationales grâce à la diffusion de l'histoire de son chandail orange.